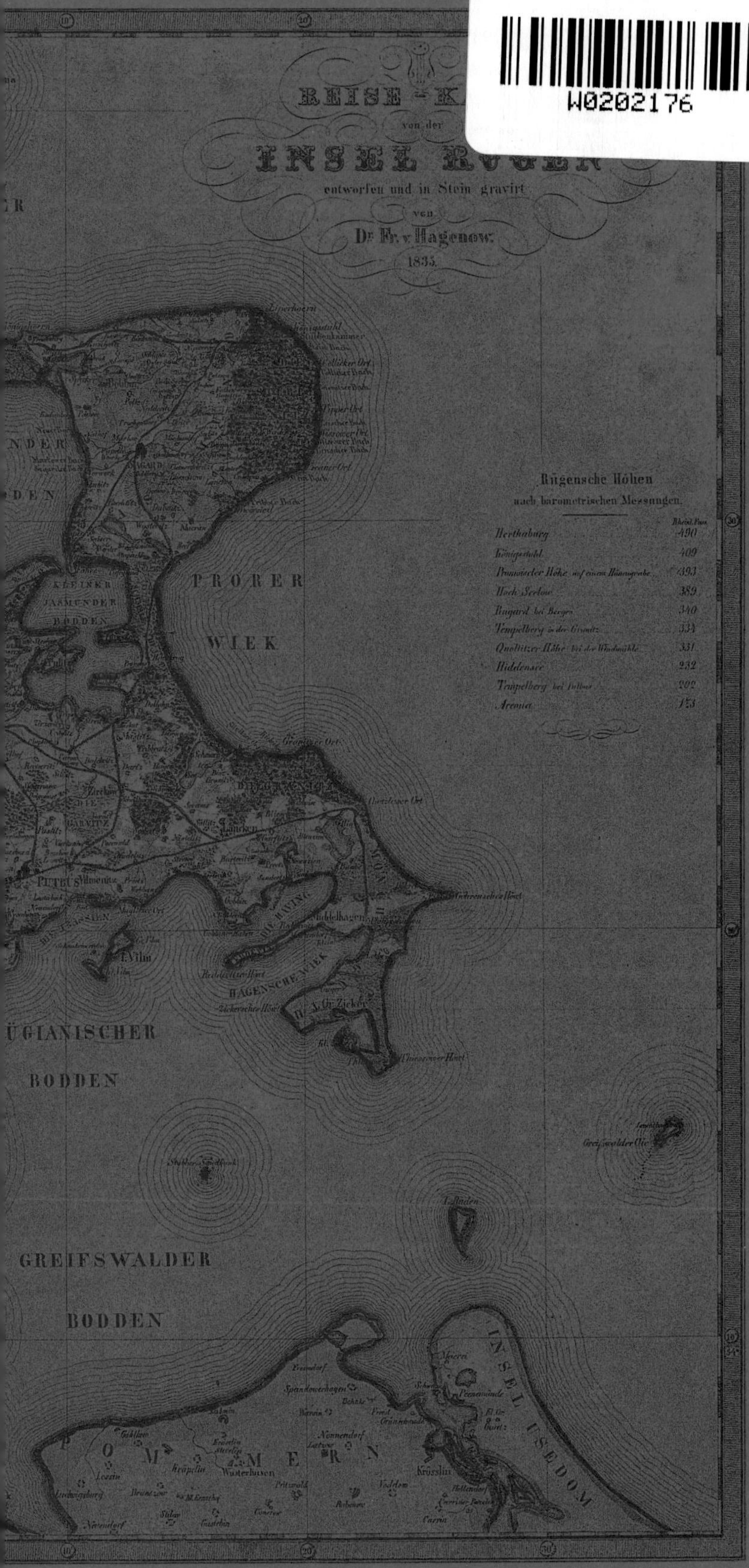
REISE-KA
von der
INSEL RÜGEN
entworfen und in Stein gravirt
von
Dr. Fr. v. Hagenow.
1835.
Rügensche Höhen
nach barometrischen Messungen.
Rheinl. Fuss
Herthaburg 490
Königsstuhl 409
Promoisler Höhe auf einem Hünengrabe 393
Hoch Seelow 389
Rugard bei Bergen 340
Tempelberg in der Granitz 334
Quoltitzer Höhe bei der Windmühle 331
Hiddensee 232
Tempelberg bei Dalbow 202
Arcona 153
PRORER
WIEK
KLEINER
JASMUNDER
BODDEN
PUTBUS
GRANITZ
MÖNCHGUT
DIE HAVING
HAGENSCHE WIEK
I. Vilm
Thiessower Höft
RÜGIANISCHER
BODDEN
GREIFSWALDER
BODDEN
Greifswalder Oie
I. Ruden
INSEL USEDOM
POMMERN
Wolgast
Kröslin
Spandowerhagen
Freesendorf
Lubmin
Peenemünde

Rügen

Landschaften
und Jahreszeiten
auf einer
der schönsten Inseln
der Welt

Rolf Reinicke

Rügen

Innenansichten

Konrad Reich Verlag
Rostock

Die Abbildungen auf dem Einband
Vorderseite:
Herbstmorgen an den Hohen Ufern
der Kreideküste auf Jasmund
Rückseite:
Wintersonne über Mönchgut;
Blick von der Moritzburg

Der Vorsatz zeigt eine »Rügen«-Karte
von Karl Friedrich von Hagenow,
Greifswald 1835,
der Nachsatz eine »Rügen«-Karte
von Johann Baptist Homann,
Nürnberg 1720.
Die Reproduktionsvorlagen für
beide Karten wurden freundlicherweise
vom Stadtarchiv Stralsund,
wo die Originaldrucke aufbewahrt
werden, zur Verfügung gestellt.

2. Auflage 1991

Ausstattung: Rudolf Grüttner
Herstellung: Clausen & Bosse, Leck
Printed in Germany
ISBN 3-86167-022-4

Inhalt

1
Blick vom verschneiten Stubnitzwald nahe der Piratenschlucht zum Hengst, dem ersten markanten Kreidevorsprung auf dem Weg von Saßnitz zum Königsstuhl.

Auf den folgenden Seiten:

2
Blühende Holzbirnenbüsche am Steilufer der Hagenschen Wiek auf der Halbinsel Alt Reddevitz.

3
Sommerwolke über dem Strelasund. Blick von den Prosnitzer Schanzen nach Niederhof. Der etwa 20 Kilometer lange und ein bis zwei Kilometer breite Strelasund verbindet den Greifswalder Bodden mit dem Kubitzer Bodden. Einst wurde sein flaches Tal durch eiszeitliche Schmelzwässer ausgeschürft. Später strömte an dessen Grund nur ein kleiner Fluß gen Norden. Erst vor rund 5000 Jahren, als der Wasserspiegel der Ostsee fast seinen heutigen Stand erreicht hatte, füllte er sich mit Wasser. Damit wurde Rügen zur Insel.

4
Herbstmorgen in der Stubnitz. Ob wohl Johannes Brahms solche Stimmungen kannte, als er 1876 den Finalsatz seiner 1. Sinfonie in Saßnitz komponierte?

Eine der schönsten Inseln der Welt?

Wer an Rügen denkt, der hat meist ein ganz festes Bild vor Augen: weiße Kreidefelsen, dunkle Laubwälder, blaues Meer und blauen Himmel. Caspar-David-Friedrich-Landschaft.
Kennt man Rügen nur von Abbildungen her, so macht sich Enttäuschung breit, wenn man eben den Rügendamm erst mals überquert hat und nun auf der Fernstraße oder im Zug weiterfährt in Richtung Bergen. Flaches, kahles Land empfängt uns auf Südrügen – riesige Felder, anscheinend noch größer als auf dem Festland, kaum Wald. Da ist nichts Aufregendes zu entdecken. Rasch verblaßt der Eindruck vom kurzen Blick auf die reizvollen Ufer des Strelasundes vor Stralsund. Das also soll das schöne Rügen sein? Erst hinter Bergen wird die Landschaft augenscheinlich abwechslungsreicher. Hügel und Senken, Alleen, bewaldete Höhenrücken, dazwischen die Bodden. Jene Regionen, die am besten den allgemeinen Vorstellungen von der Insel entsprechen – das offene Meer mit der Kreideküste und den breiten Stränden – erreicht man erst nach längerer Fahrt. Rügen ist groß!

Die größte aller deutschen Inseln besitzt eine Fläche von fast 1000 Quadratkilometern. Der Blick auf die Landkarte zeigt dazu eine ungewöhnlich reiche Gliederung. Außenküste wie Boddenufer haben gleichermaßen viele Halbinseln und Buchten ganz unterschiedlicher Größe. Es gibt Inseln, Nehrungen und Sandhaken.
Wer sich nun auf Reisen begibt, um die Insel zu erkunden, der kommt bald zu einer überraschenden Feststellung: Auch wenn alle in einschlägigen Touristenführern empfohlenen landschaftlichen Sehenswürdigkeiten längst besucht sind und Rügen dabei mehrfach durchquert wurde – es gibt immer noch etwas zu entdecken. Je intensiver man erkundet, je öfter man – auch zu verschiedenen Jahreszeiten – hierher kommt, um so mehr Schönes und Interessantes findet sich. Diese ungewöhnliche Vielfalt von Landschaften macht Rügen für den Kenner zu einer der »schönsten Inseln der Welt.«

Geformt von Eis und Meer

Wen die Ursachen dieser bemerkenswerten Vielgestaltigkeit der Landschaft interessieren, der muß sie in der jüngsten erdgeschichtlichen Vergangenheit suchen. Alle Oberflächenformen der Insel erhielten ihr Gepräge entweder durch eiszeitliche Gletscher und Schmelzwasserströme oder durch die gleichermaßen zerstörenden wie aufbauenden Kräfte des Meeres. Letztere führen noch heute an manchen Uferzonen zu einem fortwährenden Landschaftswandel.
Wäre man vor 8000 Jahren hierher gekommen, so hätte man vergeblich nach einer Insel gesucht. Nein, es war durchaus Land zu sehen – vom Meer fehlte damals in dieser Region jede Spur. Zu jener Zeit lag der Pegel der Ostsee, ebenso wie der aller anderen Meere, noch etwa 20 Meter tiefer als heute. Selbst das war eine der vielen Nachwirkungen der Eiszeit, welche die Landschaften im ganzen nördlichen Europa formte, so natürlich auch auf Rügen.
Einer gigantischen Planierraupe gleich schob sich ein bis zu 2000 Meter dicker Eispanzer dreimal aus dem skandinavischen Raum über das heutige Ostseegebiet und unsere Küstenregion nach Süden. Hügel wie Berge aus Ton, Kreide und anderen weichen Gesteinen wurden dabei abgehobelt, die »Hobelspäne« am Grunde des Eises festgequetscht – zusammen mit den dort ausgeschmolzenen Sand- und Geröllmassen. Diese Ablagerungen nennt man Grundmoränen. Sie bestehen aus Geschiebemergel: In einer Grundmasse aus Ton und Kalk (Mergel) stecken Geschiebe (vom Eis hergeschobene Gesteinsbrocken) wie die Rosinen im Kuchenteig.
In den ehemals eisbedeckten Gebieten nehmen Grundmoränen den breitesten Raum ein. Es handelt sich dabei um jene ebenen oder flachwelligen Gebiete, in denen Geschiebemergel an der Oberfläche liegt. Auch auf Rügen sind die weitaus größten Flächen derartige Grundmoränengebiete – so ganz Südrügen und Wittow sowie der überwiegende Teil Zentralrügens (des »Muttlandes«). Weil Geschiebemergel (zu Geschiebelehm verwittert) sehr fruchtbar ist, werden sie fast ausnahmslos landwirtschaftlich genutzt. Größere Wälder gibt es dort kaum.
Im Kontrast dazu stehen die bewaldeten Höhenrücken der

Endmoränen, die man in der Granitz, im Gebiet um Bergen–Lietzow–Ralswiek, um Putbus oder Göhren findet. Auch sie wurden vom Inlandeis gebildet – am Rande der Gletscherfront, wenn diese beim Rückschmelzen einmal längere Zeit auf einer Position verharrte. Dort häuften sich dann aus dem Eis ausgeschmolzene Lockermassen zu Moränenhügeln an. Die höchsten Erhebungen Rügens, die endmoränenähnlichen Höhen von Jasmund, entstanden allerdings anders. Hier bewirkten erdinnere Kräfte eine Hebung von Kreideschichten und älteren eiszeitlichen Ablagerungen. Das Ganze wurde beim letzten Eisvorstoß gestaucht. Nach dem endgültigen Abschmelzen der Eismassen blieb die ganze Region der heutigen Insel mehrere Jahrtausende lang Festland. Auf ihm wuchsen bereits Wälder, als vor rund 7000 Jahren die Ostsee in der Folge eines raschen Meeresspiegelanstiegs gegen die heutige Küste vorrückte. Das Meer drang zuerst in die tiefsten Senken ein und überflutete schließlich alle niedrig gelegenen Areale. Dabei wurde Rügen zur Insel. Vor etwa 4000 Jahren erreichte dann die Ostsee ihren heutigen Pegel. Damit entstand eine geographische Situation, die sich von der heutigen wesentlich unterschied. So lagen Jasmund und Wittow als isolierte Inseln vor dem großen Kernland. Der Mönchguter Raum glich einem Inselarchipel. Insgesamt war die damalige Küste gegenüber der heutigen reicher an Buchten, Landvorsprüngen und vorgelagerten Inseln.
Als das vordringende Meer den rügischen Raum erreicht hatte, begannen seine Kräfte auch da zu wirken: Durch die Gewalt der anstürmenden See entstanden Steilufer. Die dort vom Wasser abgetragenen Lockermassen wurden parallel zum Ufer transportiert und an ruhigen Stellen wieder aufgeschüttet. Diese Küstendynamik schuf ganz neue Landschaftsformen – flache Sandhaken und Nehrungen mit breiten Stränden und Dünen. Die größten von ihnen sind Bug, Schaabe, Schmale Heide, Baaber Heide und Langer Strand. Durch sie wurden einstige Inseln miteinander verbunden und damit zu Halbinseln; ehemalige Meeresbuchten abgeschnitten und damit zu den landschaftstypischen Bodden. Erst im Laufe der Zeit bildete sich so die uns vertraute Küstenlinie heraus, an deren Veränderung das Meer noch immer fortwährend arbeitet. An den Außenküsten – besonders am Kap Arkona und nördlich des Ortes Dranske, an den Kliffs von Jasmund und der Granitz –, aber auch an den Höften auf Mönchgut trägt das Wasser Jahr für Jahr einige Dezimeter vom Ufer ab. Nur dadurch bleibt das uns vertraute Bild der kahlen Steilufer aus Kreide, Mergel oder Sand erhalten.

Vom Menschen gestaltet

Es ist durchaus wahrscheinlich, daß unsere steinzeitlichen Vorfahren schon »vor Ort« waren, als die Insel entstand. Die ersten dauerhaften Bauten des Menschen in der Rügenlandschaft sind etwa 4000 Jahre alte Großsteingräber.
Als er seßhaft wurde, begann er die Wälder zu roden und Siedlungen zu bauen – bald entwikkelte sich der Mensch zur wichtigsten landschaftsgestaltenden Kraft. Er veränderte das Gesicht der Insel und schuf damit auf dem einstigen Wald-, Sumpf- und Heideland neue Vielfalt – eine Kulturlandschaft. Urwälder wurden durchforstet, Sümpfe entwässert, Dünenheiden mit Bäumen bepflanzt. So ursprünglich manche Rügenlandschaften heute aussehen mögen – sie sind fast ausnahmslos vom Menschen beeinflußt.
Erst seit dem Beginn des 20. Jahrhunderts wird mit Hilfe der Technik so tief in die naturnahen Landschaften eingegriffen, daß man von Zerstörung sprechen muß. Von Bergbau (mit Ausnahme der Kreidegruben in der Nähe von Saßnitz) und großdimensionalen Verkehrsbauten (mit Ausnahme der Fährhafenanlagen von Mukran) blieb die Insel dabei glücklicherweise fast verschont. Auf den weiten Agrarflächen, vor allen Dingen denen Südrügens, kam es aber in den letzten 30 Jahren zu großräumigen, oft sinnlosen Landschaftszerstörungen. Im Rahmen einer staatlich verordneten »Industrialisierung der Landwirtschaft« vergrößerte man die Schläge durch Flurbereinigung und Flächenmelioration oft in einem solchen Maße, daß man für das Ergebnis nur noch den Begriff »Kultursteppe« verwenden kann. Riesige »Milchviehanlagen«, raumgreifende Silo- und Düngerplätze herrschen hier vor.
Andererseits kam es – nicht selten sogar notgedrungen – zu einer Bewahrung naturnaher Landschaften, so in den vielen ehemaligen Sperrgebieten. Manchmal fehlten auch einfach nur die materiellen Potenzen, um bestimmte Regionen für den Massentourismus zu erschließen. So bietet Rügen heute dem aufmerksamen Betrachter ein überaus zwiespältiges Bild. Neben zerstörten Landschaften blieb viel Ursprüngliches erhalten. Letzteres dominiert bei den Fotos auf den folgenden Seiten. Dort sollen in erster Linie Schönheit und Vielfalt der Landschaft gezeigt werden – das also, was es künftig auf Deutschlands größter und schönster Insel unbedingt zu bewahren gilt.

Die Aufnahmen
für dieses Buch entstanden
zwischen dem Herbst
1979 und dem Frühjahr 1990.

Auf den folgenden Seiten:
Karte der Insel Rügen.
(Vereinfachte Darstellung)
Die mit Ziffern bezeichneten
Punkte sind mit der
fortlaufenden Numerierung
der Bildunterschriften
identisch, so daß der Standort
des Fotografen
in etwa zu ermitteln ist.

Mövenort
93
Alten
Dranske
Wieker Bodden
Wiek
WITTOW
BUG
HIDDENSEE
Rassower Strom
Steinort
18
Schaproder Bodden
63
109
UMMANZ
Gingst
Kubitzer Bodden
111
Samtens
104
Rambin
6
5
Strelasund
Stralsund
45
35
DRIGGE
3
44

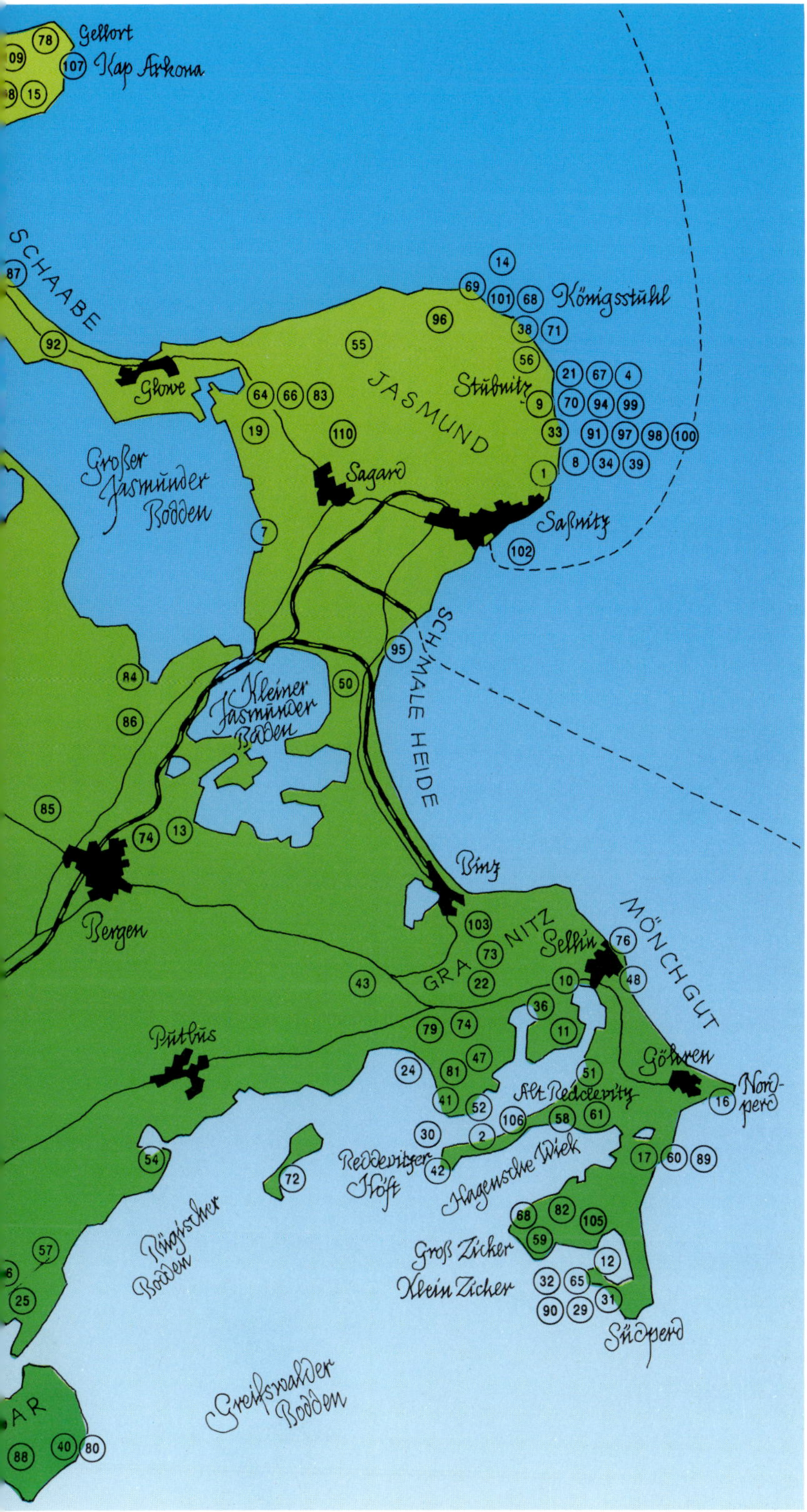
Gellort
Kap Arkona
SCHAABE
Glowe
Großer Jasmunder Bodden
JASMUND
Stubnitz
Königsstuhl
Sagard
Saßnitz
SCHMALE HEIDE
Kleiner Jasmunder Bodden
Bergen
Binz
GRANITZ
Sellin
MÖNCHGUT
Putbus
Göhren
Nordperd
Alt Reddevitz
Reddevitzer Höft
Hagensche Wiek
Groß Zicker
Klein Zicker
Südperd
Rügischer Bodden
Greifswalder Bodden

5
Flaches Land empfängt den Rügenbesucher, wenn er den Rügendamm passiert hat. Rauhreif und Schneezäune auf den Feldern an der Bundesstraße 96 bei Altefähr.

6
Wintermorgen bei Poppelvitz unweit von Altefähr.

7
Am Ufer des Großen Jasmunder Boddens südwestlich von Sagard. In einer flachen Bucht hat der Wind den ins eisige Wasser gefallenen Schnee zusammengetrieben.

8
Neuschnee auf Kreide, die Wissower Klinken, eine der auffälligsten Klippen am Kreidesteilufer auf Jasmund.

9
Scharfer Frost ließ ein kleines, vom Kreidesteilufer herabfließendes Rinnsal zu Eis erstarren und sprengte Kreidebröckchen aus der Wand. An den Hohen Ufern.

10
Auf den überfluteten Wiesen am Selliner See bei Altensien bildete sich in einer Frostnacht das erste Eis.

(Auf den vorhergehenden Seiten.)

11
Die Having gehört zu jenen tiefen Buchten, durch welche die Halbinsel Mönchgut so reich gegliedert wird. Von der Moritzburg unweit von Baabe hat man eine besonders schöne Aussicht auf dieses Gewässer und auf den Burgwall im Hintergrund.

12
Bei Neuschnee erscheint das Relief der Moränenhügel des Großen Zicker auf Mönchgut sehr eindrucksvoll.
Blick vom Ufer der Halbinsel Klein Zicker aus.
Im Vordergrund der Sandhaken am Zicker See.

13
Schneelandschaft östlich des Rugard bei Bergen. Am Horizont das Waldgebiet der Granitz.

14
In strengen Wintern vereist oft auch die freie Ostsee vor der rügischen Außenküste. Treibt der Wind das Eis gegen die Ufer, so bilden sich Packeiswälle wie hier über dem Waschstein vor Stubbenkammer (rechts Königsstuhl, links Victoria-Sicht).

15
Rügens Nordkap im Winter. Blick vom kleinen Fischerdorf Vitt nach Arkona. Auf dem Vorsprung lag einst die von dem noch vorhandenen Wall geschützte Jaromarsburg. Dort stand auch der legendäre Swantewit-Tempel, das Hauptheiligtum der rügenschen Slawen.

(Auf den folgenden Seiten.)

16
Warme Mittagssonne eines Februartages läßt den Schnee am südlichen Steilufer des Nordperds bei Göhren tauen.

17
Fischerboot am Strand von Lobbe auf Mönchgut. Manchmal werden sogar die Einheimischen von einem Kälteeinbruch überrascht, so wohl auch der Fischer, der sein vereistes Fanggeschirr dort gelassen hat.

18
Der Schaproder Bodden zwischen Rügen und Hiddensee ist mit 40 Zentimeter dickem Eis bedeckt. In Stellnetzen, die unter das Eis gezogen werden, fangen die Fischer oft Hechte von beachtlicher Größe.

19
Bei Polchow am Nordstrand
der Halbinsel Jasmund.
Auf dem Hügel
im Hintergrund liegt Bobbin.

Auf den folgenden Seiten:

20
Nach einem Schneeschauer
in Maltzien
auf der Halbinsel Zudar.

21
Spätwinter am Kieler Ufer. Schnee und Eis halten sich hier in der Stubnitz, die vom eisigen Nordwind zuerst getroffen wird, meist länger als irgendwo anders auf der Insel.

22
Kastanienallee von Lancken-Granitz zum Jagdschloß Granitz. Die Rügenlandschaft ist noch immer ungewöhnlich reich an prächtigen Alleen.

23
Kopfweiden an einem Graben bei Teschenhagen, mitten im »Muttland«, dem großen Kerngebiet Rügens.

(Auf den folgenden Seiten.)

24
Tauwetter. Die Sonne spiegelt sich auf dem letzten, schon mit Wasser bedeckten Eis der Stresower Bucht am Rügischen Bodden. Links im Hintergrund die Insel Vilm.

25
*Die Wiesen an der Schoritzer Wiek bei Silmenitz entstanden durch natürliche Verlandung einer flachen Bucht.
Eine Weidenreihe markiert, wie an vielen anderen Stellen, den Verlauf der einstigen Uferlinie.*

26
»Der Himmel«, das wohl schönste der vielen bronzezeitlichen Hügelgräber Rügens, liegt in der Feldmark bei Silmenitz südlich von Garz.

27
Die kleine Insel Tollow in der Maltziener Wiek (Halbinsel Zudar) gehört den Kormoranen, die hier eine große Brutkolonie haben. Ihre scharfen Exkremente lassen Bäume und die übrige Vegetation der Insel sterben.

28
Waldsee-Idyll am Kniepower
See nördlich von Garz,
einem der wenigen
echten Binnenseen Rügens.
Im Hintergrund ein Burgwall.

29
Der erste Fang aus den im Greifswalder Bodden aufgebauten großen Heringsreusen wird mit den landschaftstypischen Mönchguter Reusenbooten am Strand von Klein Zicker angelandet.

30
Heringsfischer im Rügischen Bodden vor dem Reddevitzer Höft beim Einholen der Stellnetze.

31
Die Fischer von Klein Zicker bringen vor der Heringssaison auf dem Reusenplatz das Fanggeschirr in Ordnung.

32
Das Lehmkliff am Südufer der Halbinsel Klein Zicker leuchtet in der Morgensonne.

(Auf den folgenden Seiten.)

33
Warme Frühlingssonne läßt an den exponierten Hängen der Kreideküste manchmal schon im April Huflattich und Leberblümchen blühen. Blick von der Ernst-Moritz-Arndt-Sicht auf die Wissower Klinken.

34
Solche Seenebelstimmungen wie hier an den Wissower Klinken gibt es im April und Mai an den rügischen Ostküsten nach kalten Wintern besonders oft.

35
Kartoffelacker bei Swantow auf Südrügen.

36
Das Endmoränengebiet der Granitz ist der wohl markanteste Höhenrücken Rügens, hier von Neuensien aus gesehen. Über der Niederung am Neuensiener See steht noch Morgennebel.

37
In manchen Fischerdörfern gibt es, so wie hier im Ort Zudar, noch viel Ursprüngliches zu entdecken.

38
Stubbenkammer – mit diesem Begriff bezeichnet man die Kreidesteilufer in unmittelbarer Nähe des Königsstuhles (hinten). Auf dessen genaue Höhe kann man sich offensichtlich nicht einigen. In Karten und Touristenführern werden 114, 116, 118 oder 119 Meter genannt. Jedenfalls ist es der höchste Punkt an der gesamten deutschen Küste.

(Auf den vorhergehenden Seiten.)

39
Blick vom Stubnitz-Hochufer auf die See mit einer Fähre der »Königslinie« Saßnitz – Trelleborg.

40
Vom Wind ausgeblasene Sand- und Kiesschichten, Ablagerungen eiszeitlicher Schmelzwässer. Am Gelben Ufer auf dem Zudar.

41
Auch wenn das Boddenwasser noch so heftig gegen das Steilufer anstürmt, viel Schaden kann es allein nicht anrichten. Erst wenn der Frost den Mergel zersprengt, kommt es zu stärkerer Abtragung. Gelbes Ufer bei Neu Reddevitz, im Hintergrund das Reddevitzer Höft.

42
Das Geschiebemergel-Steilufer am Reddevitzer Höft unterliegt besonders stark der Abtragung. Sein Fuß wird fast ständig vom Wasser des Boddens umspült. Im Hintergrund die Insel Vilm.

43
An einem Graben in Pantow blüht die Pestwurz.

44
Nur durch einen schmalen Strandwall ist die Halbinsel Glewitz (Küstenvögel-Schutzgebiet) mit dem Zudar verbunden. Rechts der Strelasund, links die Glewitzer Wiek.

45
Poseritz auf Südrügen.

46
Vom Hoch Hilgor bei Neuenkirchen reicht der Blick über die flachen Halbinseln Lebbin und Wittow weit nach Westen bis zum Dornbusch auf Hiddensee.

47
Die Gehöfte von Gobbin an der Straße von Lancken-Granitz nach Neu Reddevitz. Im Hintergrund das Waldgebiet der Granitz.

(Auf den folgenden Seiten.)

48
»Villa Fernsicht« in Sellin, verblichener Glanz eines Seebades.

Auf den folgenden Seiten:

49
»Souvenirs der Eiszeit« vor dem Nordstrand der Halbinsel Wittow. Solche großen Geschiebe, im Volksmund Findlinge genannt, gibt es an vielen Stellen der rügenschen Küste. Der weitaus größte von ihnen ist der über 1500 Tonnen schwere »Buskam«, der die Dimensionen eines kleinen Einfamilienhauses besitzt. Er liegt etwa 200 Meter vor dem Göhrener Strand, ragt aber nur etwa einen Meter aus dem Wasser heraus.

50
Die Feuersteinfelder auf der Schmalen Heide bei Neu Mukran gelten als Einmaligkeit an der ganzen Ostseeküste. Die spärlich bewachsenen Strandwälle, sie bestehen zum überwiegenden Teil aus Feuersteingeröllen, wurden bei schweren Stürmen vor etwa 3500 Jahren vom Meer aufgeworfen (Naturschutzgebiet).

51
Das Wiesengelände am Ostzipfel der Having bei Moritzdorf (vorn links) und am Selliner See (hinten) entstand aus einer vom Meer aufgeschütteten Seesandebene. Sellin und die Ausläufer der Granitz im Hintergrund werden von Seenebel überflutet, ein für warme Vorfrühlingstage auf Rügen charakteristisches Witterungsphänomen.

Auf den folgenden Seiten:

52
Der Gobbiner Haken bei Neu Reddevitz. Dieser modellartige Sandhaken wächst vom Lehmkliff des Gelben Ufers aus in die Having. Derartige Gebilde werden vom Wasser aus Material aufgeschüttet, das an anderer Stelle abgetragen wurde. Der größte Sandhaken Rügens ist der rund acht Kilometer lange Bug (zur Zeit noch Sperrgebiet) südlich von Dranske.

53
Straße im Zentrum des Landstädtchens Garz, der ältesten Stadt auf der Insel.

54
Südlich von Putbus liegt der Wreechen-See, einst eine tiefe Bucht des Rügischen Boddens, heute nur durch einen schmalen Wasserarm mit ihm verbunden. Im Hintergrund die Häuser von Glowitz.

55
In einem Erlenbruch am Westrand des Waldgebietes der Stubnitz blühen die Sumpfdotterblumen.

56
Im Juni blühen an den Hängen der Kreidesteilküste die Orchideen, hier Knabenkraut und Waldvögelein. Der Reichtum dieses Gebietes an botanischen und geologischen Kostbarkeiten macht das Naturschutzgebiet Jasmund zum wertvollsten an der deutschen Ostseeküste. Künftig soll es Kernzone eines Nationalparks werden.

57
Am Greifswalder Bodden, östlich von Dumsevitz bei Garz, findet man, versteckt hinter Büschen und Bäumen, alte, wassergefüllte Kreidebrüche.

(Auf den folgenden Seiten.)

58
Bootsstelle in Mariendorf an der Hagenschen Wiek. Im Hintergrund Alt Reddevitz. Mit den Kleinkuttern betreibt man Stellnetzfischerei, hauptsächlich auf Hering.

Auf den folgenden Seiten:

59
Vor dem Zickerschen Höft stehen große Kummreusen im Greifswalder Bodden. Am Horizont erkennt man an seinem Westufer die rund 15 Kilometer entfernte Halbinsel Zudar.

60
Vom Mönchguter Außenstrand reicht der Blick bis zum »Helgoland der Ostsee«, zu der in der Pommerschen Bucht ge
legenen Insel Greifswalder Oie (zur Zeit noch Sperrgebiet).

61
Große Wäsche in Kleinhagen (Mönchgut).

62
*Von der einst so großen Zahl stattlicher rügenscher Gutshäuser sind heute leider viele verfallen.
Dieses noch intakte steht in Groß Schoritz. In ihm wurde am 26. Dezember 1769 Ernst Moritz Arndt geboren.*

63
Weit abseits der Touristenstraßen: Landarbeiterhäuser und abgestorbene Ulmen in Freesen südlich von Trent.

64
Bei Bobbin, am Westrand von Jasmund, liegt Schloß Spyker am Spykerschen See. Dahinter erkennt man die Tromper Wiek mit der hellen Strandlinie der Schaabe.

65
Vielgestaltiges Mönchgut: Blick von Klein Zicker nach Groß Zicker.

Auf den folgenden Seiten:

66
Ferienhäuser säumen das Ufer des Großen Jasmunder Boddens bei Polchow. Vor 5000 Jahren, als es die Schaabe noch nicht gab, war der Bodden eine Meeresbucht, an den Banzelvitzer Bergen (im Hintergrund) arbeitete damals die Ostsee.

67
Gewitterstimmung
an den Hohen Ufern,
etwa auf dem halben Weg zwischen
Saßnitz und Stubbenkammer.

68
Alter Gedenkstein auf der
Victoria-Sicht
an der Kleinen Stubbenkammer.

69
Am Strand von Stubbenkammer, dem höchsten Teil der rügenschen Kreideküste. Im Hintergrund die Victoria-Sicht.

Auf den folgenden Seiten:

70
Sonnenaufgang vor der Kreideküste.

71
Kreideklippen in der Kleinen Stubbenkammer unterhalb der Victoria-Sicht. Sie (und nicht die Wissower Klinken, wie oft behauptet wird) gaben die Anregung zum wohl bekanntesten aller Rügenbilder – zu Caspar David Friedrichs »Kreidefelsen auf Rügen«.

72
Uralte Eichen und Buchen stehen am Hochufer der »Scheibe«, der Südspitze der Insel Vilm. Bereits seit 1936 Naturschutzgebiet, durfte sie lange Jahre als »Regierungsinsel« nur von einer Handvoll Privilegierter betreten werden. Heute bemüht man sich, die ursprünglich gebliebene Natur des Vilms zu bewahren und sie vor Massentourismus zu schützen. In den ehemaligen Gästehäusern hat sich eine Naturschutzakademie etabliert.

73
Nicht wegzudenken aus der Insellandschaft: der »Rasende Roland«, die von Putbus über Binz nach Göhren führende Schmalspurbahn. Hier kommt sie am Haltepunkt Garftitz gerade aus dem Granitzwald.

74
Sommerhimmel über Ostrügen. Vom Ernst-Moritz-Arndt-Turm auf dem Rugard bei Bergen schweift der Blick weit über die Insel: Kleiner Jasmunder Bodden mit Halbinsel Pulitz im Vordergrund, dahinter die Nehrung der Schmalen Heide, Jasmund mit Saßnitz links im Hintergrund.

75
Geröll und Sand wechseln am Nordstrand der Halbinsel Wittow. (Auf den folgenden Seiten.)

76
Vorsaison am Strand von Sellin.
Der Granitzwald reicht hier bis unmittelbar ans Ufer.
Im Hintergrund rechts erkennt man das Gebiet um Mukran.

77
Kamille und Klatschmohn blühen an einem Feldrand bei Puddemin südlich von Garz.

78
Nicht Kap Arkona, sondern der wenige hundert Meter nordwestlich davon gelegene Gell Ort ist der nördlichste Punkt Rügens. Vom »Söbensniedersteen«, einem etwa 150 Tonnen schweren Findling, wird er dauerhaft markiert. Um ihn herum gedeiht charakteristische Salzvegetation. Im Hintergrund das bewachsene Steilufer der Wittower Nordküste.

79
Rund 4000 Jahre alt sind die Großsteingräber in der Feldmark westlich von Lancken-Granitz. Von diesen Zeugnissen aus der Jungsteinzeit gibt es heute noch über 50 in der Landschaft Rügens.

80
Das Ufer der Halbinsel Zudar bildet ein in den Greifswalder Bodden vorspringendes Halbrund. In dessen Mitte liegt das Gelbe Ufer, ein Kliff aus Schmelzwassersand und -kies.

81
Neu Reddevitz, ein kleines Fischerdorf am Rügischen Bodden. Im Hintergrund Alt Reddevitz und das Reddevitzer Höft.

82
Die Endmoränenhügel auf Groß Zicker sind eine alte Weidelandschaft mit bemerkenswerter Flora. Sie steht heute bereits unter Naturschutz und wird künftig wertvoller Bestandteil des Biosphärenreservates Mönchgut sein.

83
Das Kirchdorf Bobbin liegt am Westrand der Höhenzüge der Halbinsel Jasmund. Der nahe Tempelberg ist bei gutem Wetter ein beliebter Aussichtspunkt.

(Auf den folgenden Seiten.)

84
An einer stillen Bucht des Jasmunder Boddens findet man Dorf und Schloß Ralswiek. Hier gab es schon vor 1000 Jahren eine Siedlung, die damals, wie es Ausgrabungen bezeugen, ein wichtiger Handelsplatz war.

85
Blick von Westen auf die Stadt Bergen, Hauptort der Insel, der am Hang der Endmoräne des Rugard liegt.

86
Spätsommerlandschaft bei Jarnitz in der Nähe von Ralswiek.

(Auf den folgenden Seiten.)

87
Dünen und Strand auf der mehr als zehn Kilometer langen Schaabe, der größten Nehrung Rügens. Sie verbindet die einstigen Inseln Wittow und Jasmund miteinander, die selbst den Sand für den Aufbau dieser Landbrücke liefern mußten. Baumeister war die Ostsee.

88
Ackerfläche bei Grabow auf dem Zudar – »Agrarsteppe«, deren Eindruck nur durch die beiden Sölle, Kleingewässer eiszeitlicher Entstehung, gemildert wird. Durch »Flurbereinigung« und Flächenmelioration hat man die Insel an vielen Stellen bis zur Unkenntlichkeit verunstaltet, und das ohne zwingende Not. In dieser ausgeräumten Landschaft ist inzwischen die Erosion zu einem ernsten Problem geworden.

89
Fischer aus Lobbe auf Mönchgut an ihren Reusenbooten.

90
Zum Trocknen aufgestellte Kammerreuse (»Kummreuse«) auf dem Reusenplatz von Klein Zicker. Hier auf Mönchgut haben sich traditionelle Fangmethoden wie an kaum einer anderen Stelle über die Zeit gerettet.

91
Fischer an einer Schwimmreuse vor dem Kieler Ufer, links die Mündung des Kieler Baches. Beide haben übrigens nichts mit der Stadt Kiel zu tun, sondern mit einem Keil, der im Plattdeutschen eben »Kiel« heißt, und den man sieht, wenn man bachaufwärts wandert: Ein keilartiger Vorsprung schiebt sich weit zwischen die tief eingeschnittenen Bachläufe am Zusammenfluß von Brisnitzer und Kieler Bach.

(Auf den folgenden Seiten.)

92
Die Kliffranddünen der Kreptitzer Heide an der Nordküste der Halbinsel Wittow sind eine der wenig bekannten landschaftlichen Besonderheiten der Insel.

93
Im Schaabewald. Noch vor 200 Jahren herrschte hier nur Dünenheide vor. Der schöne Kiefernwald wurde erst in jüngerer Zeit angepflanzt.

94
Blick vom Kieler Ufer zum Kollicker Ort. Jeder Uferabschnitt, Vorsprung oder Einschnitt an der Kreideküste hat seinen Namen.

(Auf den folgenden Seiten.)

95
Am Fuß der neuen Mukraner Mole hat sich eine Sandfläche gebildet, auf der sich gern die Schwäne sammeln. Der Beobachtungsturm auf dem Steilufer stammt aus jener Zeit, in der rügische Strände als »Grenzgebiet« galten.

96
Der sagenumwobene Herthasee im Stubnitzwald, nicht weit vom Königsstuhl entfernt. An seinem Ufer liegt die »Herthaburg«, ein slawenzeitlicher Burgwall.

97
»Ernst-Moritz-Arndt-Sicht«
genannt wird die Höhe eines
der markantesten Kreidepfeiler
am ganzen Stubnitzkliff.

98
Blick aus 70 Meter Höhe von der Ernst-Moritz-Arndt-Sicht auf den Strand.

Auf den folgenden Seiten:

99
Einen milden, sonnigen Herbsttag zur Zeit der Laubfärbung an der Kreideküste zu erleben, das kann man wohl zu den Sternstunden des Lebens zählen.

100
Kreideausbruch an der Ernst-Moritz-Arndt-Sicht. Solche Ausbrüche, bei denen manchmal über 100000 Kubikmeter Kreide erdrutschartig in das Meer stürzen, ereignen sich in größeren Zeitabständen. Meist braucht die See nur wenige Jahre, um die Abbruchmassen wegzuspülen.

101
Der »Feuerregenfelsen« in der Stubbenkammer, unmittelbar nördlich des Königsstuhles.

102
Morgenlicht über Saßnitz: Molenkopf und Fährhafen; Rügen-Hotel und Seemannsheim überragen die Stadt, dahinter die Höhenzüge der Stubnitz.

103
Vom Turm des Jagdschlosses Granitz hat man eine herrliche Aussicht; hier der Blick nach Süden über Mönchgut und die Pommersche Bucht zur Insel Usedom. Vorn liegt der Neuensiener See mit Seedorf; dahinter Having, Halbinsel Alt Reddevitz, Hagensche Wiek und Halbinsel Groß Zicker.

104
Südrügener Landweg bei Rambin

105
Eine der vielen gotischen
Backsteinkirchen der Insel:
die Dorfkirche von Groß Zicker.

106
Die mehr als fünf Kilometer lange Halbinsel Alt Reddevitz ist an manchen Stellen nur 300 Meter breit. Ganz im Hintergrund liegt Göhren.

107
Das nahezu senkrechte Kreide-kliff am Kap Arkona ist fast 50 Meter hoch.

108
Oberhalb des Ortes Vitt, unweit von Arkona, steht die kleine achteckige Kapelle, die der Pastor und Dichter L. Th. Kosegarten 1806 für seine Uferpredigten errichten ließ.

109
Die Leuchttürme am Kap Arkona von der Landseite aus gesehen: der kleinere links wurde 1826–29 nach Plänen von Karl Friedrich Schinkel gebaut, der andere entstand 1902.

110
Über die Felder nördlich von Sagard ziehen tiefhängende Herbstwolken und lassen Sonnenstrahlen wie Lichtkegel von Scheinwerfern über die Landschaft gleiten.

Auf der folgenden Seite:

111
Das Jahr geht zur Neige: Wintersonne auf den vom Hochwasser überfluteten Wiesen an der Landower Wedde bei Ralow.

Empfehlungen für Besucher der Insel Rügen
Eine Auswahl landschaftlicher Schönheiten und gastlicher Stätten in deren Nähe

(Für die Angaben über Gaststätten, Hotels und Pensionen wird insofern keine Garantie übernommen, da sich nach Redaktionsschluß – 5. 1. 1991 – etliche Veränderungen durch Neubenennungen von Straßen und Festlegung anderer Öffnungszeiten sowie auch durch Veränderungen der Eigentumsverhältnisse und sonstige Umstrukturierungsmaßnahmen ergeben können.)

Altefähr
Am Strelasund gelegener Erholungsort; alter Park auf dem Hochufer (Landschaftsschutzgebiet); schöner Blick über den Strelasund auf Stralsund und den Rügendamm; günstig erreichbar auch mit der Personenfähre vom Hafen Stralsund aus (Saisonbetrieb); Bademöglichkeit.

Campingplatz Altefähr,
dort Imbiß- und Getränkeversorgung während der Saison

Cafés und Gaststätten
Am Sund, Fährberg 8;
Tel.: Stralsund 3442
Öffnungszeiten: Mittwoch bis Sonntag 11.00–14.00 Uhr und 16.00–21.00 Uhr
Café Am Strand, Strandpromenade;
Tel.: Stralsund 5752
Öffnungszeiten: Saisonbetrieb
Hotel Putbus, Strandpromenade 1;
Tel.: Stralsund 2695
Öffnungszeiten: Freitag bis Dienstag 11.00–14.00 Uhr und 16.00–22.00 Uhr
Kurhaus, Fährberg;
Tel.: Stralsund 5748
Öffnungszeiten: Saisonbetrieb Donnerstag bis Dienstag 10.00–20.00 Uhr

Alt Reddevitz
(siehe Halbinsel Alt Reddevitz)

Arkona
(siehe Kap Arkona)

Baaber Heide
Bewaldete Nehrung zwischen Baabe und Göhren, davor Flachküste mit breitem Sandstrand; im Hinterland flaches Wiesengelände an Having und Selliner See, im Süden ehemalige Steilufer der Ostsee (heute bewaldet), am Endmoränenkern von Göhren und Alt Reddevitz begrenzt.

Campingplätze
Campingplätze Baabe und Göhren (beide im Kiefernwald der Baaber Heide gelegen); dort Imbiß- und Getränkeversorgung während der Saison

Banzelvitzer Berge
Am Südwestufer des Großen Jasmunder Boddens gelegener Höhenzug (Endmoräne); hohes, größtenteils bewaldetes Steilufer, vor etwa 4000 bis 5000 Jahren von der Ostsee geschaffen (bevor der Bodden durch die **Schaabe** abgeschnürt wurde); schöne Sicht zur **Halbinsel Jasmund**; Bademöglichkeit.

Campingplatz Groß Banzelvitz,
dort Imbiß- und Getränkeversorgung während der Saison
Gaststätte Bauerneck, Rappin;
Tel.: Bergen 31443
Öffnungszeiten: Montag bis Sonnabend 11.00–14.00 Uhr, 18.00–22.00 Uhr

Bug
Größte Sandhakenbildung auf Rügen (ca. 8 km lang); gehört teilweise zum Nationalpark Vorpommersche Boddenlandschaft; Südteil auf Wanderwegen erst nach Räumung der Militäreinrichtungen zu betreten.

Parkplatz südlich von Dranske

Cafés und Gaststätten im Ort Dranske:
Boddencafé, Hafenstraße;
Tel.: Altenkirchen 8293
Öffnungszeiten: Täglich 14.00–20.00 Uhr
Haus Wittow, Am Ufer/Hafenstraße;
Tel.: Altenkirchen 8222/8143
Öffnungszeiten: Täglich, nachmittags
Pavillon, Am Ufer;
Tel.: Altenkirchen 8112
Öffnungszeiten: Montag und Mittwoch 11.00–22.00 Uhr
Donnerstag und Sonntag 10.00–23.00 Uhr
Freitag 10.00–24.00 Uhr
Sonnabend 10.00–01.00 Uhr

Drigge
(siehe Halbinsel Drigge)

Feuersteinfelder
Naturschutzgebiet; im Ostseeraum einmaliges Strandwallsystem, entstanden vor etwa 3500 bis 4000 Jahren; Feuersteinfelder aus Feuersteingeröllen, mit geringem, charakteristischem Bewuchs (Wacholder, Heidekraut); bei Neu Mukran auf der Schmalen Heide unweit der Straße Saßnitz–Binz gelegen; auf markiertem Wanderweg günstig zu erreichen (ab Parkplatz).

Parkplatz am Ortsausgang von Neu Mukran in Richtung Binz

Granitz
Großes Laubwaldgebiet auf dem Höhenrücken einer Endmoräne zwischen den Ostseebädern Binz und Sellin mit beeindruckender, überwiegend bewaldeter Steilküste (Hochuferweg) und Geröllstrand; gehört zum Biosphärenreservat Südostrügen; auf der höchsten Erhebung (107 m über NN) Jagdschloß Granitz; von dessen Turm aus herrliche Sicht auf ganz Ostrügen, über Greifswalder Bodden (mit Inseln Vilm und Ruden) zum Festland, über Pommersche Bucht (mit Insel Greifswalder Oie) zu den Inseln Usedom und Wollin; Jagdschloß auf schmaler Straße von Binz und Lancken-Granitz (Kastanienallee) aus zu erreichen; Museumsräume im Jagdschloß (gegenwärtig wegen Restaurierung noch nicht zugänglich); am östlichen Rand der Granitz das Ostseebad Sellin in landschaftlich reizvoller Hanglage am Waldrand zwischen Ostsee (Badestrand) und Selliner See.

Jagdschloß Granitz
(Turm geöffnet)

Parkplatz unmittelbar am Jagdschloß (begrenzte Kapazität), dort Imbiß- und Getränkeangebot

Cafés, Gaststätten und Hotels im Ort Sellin:
Berliner Hof, Granitzer Straße 48; Tel.: 658
Öffnungszeiten: Dienstag bis Sonntag 8.30–22.00 Uhr
Bräustübl, Wilhelmstraße 23; Tel.: 555
Öffnungszeiten: Donnerstag bis Montag 10.00–23.00 Uhr
Pegasus, Waldstraße 4; Tel.: 767
Öffnungszeiten: Freitag bis Mittwoch 11.00–23.00 Uhr
Seehund, Wilhelmstraße 24; Tel.: 518
Öffnungszeiten:
Täglich 18.00–3.00 Uhr
Zur Sonne, Straße der Freundschaft; Tel.: 336
Öffnungszeiten: Freitag bis Dienstag 15.00–24.00 Uhr; während der Saison ab 9.00 Uhr

Hotels
Cliff-Hotel, Siedlung am Wald; Tel.: 80
Restaurants im Hause;
Ferienzentrum »Rügen«, August-Bebel-Straße 12; Tel.: 332
Restaurant im Hause
Hotelpension »Haus Bernstein«, Am Hochufer; Tel. 315
Klubhaus, Siedlung am Wald; Tel.: 304
Restaurant im Hause
Pension Zwickau, Ostbahnstraße7; Tel.: 735
Öffnungszeiten: Winter Sonnabend bis Mittwoch 14.00–20.00 Uhr; Sommer täglich 8.00–10.30 Uhr und 11.30–23.00 Uhr
Travel Hotel »Frieden«, Wilhelmstraße 25; Tel.: 374/375
Restaurant im Hause
Travel Hotel »Haus Stolzenfels«, Granitzer Straße; Tel.: 295
Restaurant im Hause

Pensionen und Zimmervermittlungen
Herr U. Rischer, Am Weißensteg 8; 2356 Sellin; Tel.: –
Frau I. Samulewitz, Luftbadstraße 17; 2356 Sellin; Tel.: –
Frau A. Schmidt, Wilhelmstraße; 2356 Sellin; Tel.: –

Gell Ort
Nördlichster Punkt der Insel Rügen; breiter, teilweise bewachsener Geröllstrand mit »Söbenschniedersteen« (Findling, 61 m^3, ca. 165 t) vor mit Strauchwerk bestandenem Steilufer; Gell Ort ist nur auf dem Fußweg erreichbar, am besten von Kap Arkona aus (schmaler Trampelpfad um die Leuchttürme herum nach Westen).

Großer Strand
Nehrung zwischen Lobbe und Thießow; größte der Mönchguter Nehrungen; breiter Sandstrand und Dünenwall vor Küstenschutzwald; bevorzugtes Touristengebiet; westlich der Hauptstraße weite Verlandungszonen (eingedeicht), heute Weiden.

Parkplätze entlang der Straße Lobbe–Thießow

Campingplätze
Campingplätze Lobbe und Thießow, dort Imbiß- und Getränkeversorgung während der Saison

Gaststätten:
Gaststätten in den Orten Lobbe und Thießow – genauere Angaben innerhalb des Stichwortes
Halbinsel Mönchgut

Groß Zicker
(siehe Halbinsel Groß Zicker)

Halbinsel Alt Reddevitz
Weit in den Rügischen Bodden reichende, längste und schmalste Halbinsel Rügens; größtenteils von bewachsenen Steilufern gesäumt, am Reddevitzer Höft beeindruckendes aktives Kliff (häufig Abbrüche); empfohlen wird Wanderung vom Ort Alt Reddewitz aus, dabei schöne Aussicht auf Rügischen und Greifswalder Boden, ganz **Mönchgut** und das Gebiet der **Granitz**; Schafberg bei Mariendorf (34 m über NN), direkt an der Hagenschen Wiek gelegener Endmoränenrücken (guter Aussichtspunkt!) mit ungewöhnlichem Sandkliff (»Witte Barg«) und Trockenrasen mit besonderer Pflanzenwelt.

Campingplatz Alt Reddevitz,
dort Imbiß- und Getränkeversorgung während der Saison

Gaststätten
Terrassencafé, Alt Reddevitz; Tel.: –
Schafbergklause, Mariendorf; Tel.: –
Öffnungszeiten für beide Gaststätten werden mit Beginn der Saison 1991 neu festgelegt

Zimmervermittlung
Holiday-Island, Dorfstraße 23;
2331 Alt Reddevitz; Tel.: –

Halbinsel Drigge
Östlich von Stralsund gelegene, weit in den Strelasund reichende Halbinsel; im Norden hügeliges Waldgebiet (z. T. altes, bewachsenes Kiesgrubengelände in einem eiszeitlichen Oser) mit Wanderwegen (Ausblick auf Strelasund und Stralsund); Erholungsgebiet für Stralsund; Teil des Landschaftsschutzgebietes Mittlerer Strelasund.

Halbinsel Groß Zicker
Endmoränengebiet auf Mönchgut mit sehr bewegtem Relief (Kuppen, Hügelzüge, Trockentäler); landschaftlich ungewöhnlich reizvoll durch Trockenrasenvegetation (viele seltene Pflanzen); im Westteil Naturschutzgebiet »Zickersches Höft« mit Resten ursprünglicher Wälder, hohes, abwechslungsreiches Steilufer (teilweise im Abbruch) mit Geschiebeblockstrand und vielen Findlingen; Wanderungen: vom Ort Groß Zicker oder von Gager aus zum Bakenberg (66 m über NN, besonders schöne Aussicht) und zum Zickerschen Höft.

Parkplatz am Ortsausgang von Groß Zicker

Campingplatz Gager, dort Imbiß- und Getränkeversorgung während der Saison

Gaststätten

Gager: Zum Anker, Höft 13;
Tel.: Göhren 826
Öffnungszeiten: Dienstag bis Sonntag 10.00–22.00 Uhr
Groß Zicker: Zum Boddenblick, Boddenstraße; Tel.: Göhren 841
Öffnungszeiten: Täglich 9.00–24.00 Uhr und Sonnabend 9.00–01.00 Uhr

Halbinsel Jasmund
Im Nordosten Rügens gelegen; größte Halbinsel des Eilandes; ausgeprägtes hügeliges, manchmal sogar bergiges Relief; weite Teile gehören zum Nationalpark Jasmund; höchste Erhebung Rügens (Piekberg 161 m über NN); **Kreidesteilküste** mit **Stubbenkammer** und **Königsstuhl** zwischen **Saßnitz** und Lohme; Waldgebiet der **Stubnitz**; sehenswerte Boddenküste um **Lietzow**;

Ausgangspunkte für Wanderungen: Saßnitz, Lohme, Hagen, Lietzow.

Campingplätze
Campingplätze Lietzow und Nipmerow, dort Getränke- und Imbißversorgung während der Saison, sowie durch die Gaststätte »Dorfeck« in Lietzow – siehe Lietzow – sowie die Gaststätte »Jasmunder Eck« in Nipmerow, Tel.: Sagard 9228; Öffnungszeiten: Dienstag bis Sonnabend 11.00–14.00 Uhr und 17.00–22.00 Uhr

Gaststätten und Hotels in der Stadt Saßnitz:

Gaststätten

Bahnhofsgaststätte, Bahnhof Saßnitz; Tel.: 32010
Öffnungszeiten:
Täglich 6.00–21.30 Uhr
Gastmahl des Meeres, Strandpromenade 2; Tel.: 22898
Öffnungszeiten:
Täglich 11.00–21.00 Uhr
Eiscafe Korn, Strandpromenade 3; Tel.: 22226
Öffnungszeiten:
Täglich 14.00–21.00 Uhr
Lenzberg, Birkenweg 7; Tel.: 32490
Öffnungszeiten: Donnerstag bis Dienstag 11.00–14.00 Uhr und 17.00–24.00 Uhr; Sommer:
Täglich 11.00–24.00 Uhr
New York, Stralsunder Straße 5; Tel.: 32075
Öffnungszeiten: Dienstag bis Sonntag 11.00–2.00 Uhr
Saßnitzer Hof, Bergstraße 7; Tel.: 22631
Öffnungszeiten: Freitag bis Mittwoch 11.00–24.00 Uhr
Sportlerheim, Hauptstraße 48; Tel.: 22448
Öffnungszeiten: Mittwoch bis Sonntag 10.00–20.00 Uhr
Stubbenkammer, Ausflugsgaststätte; Tel.: 22296
Öffnungszeiten: Saisonbetrieb
Waldhalle, Wissower Klinken; Tel.: 22478
Öffnungszeiten:
Täglich 9.00–20.00 Uhr
Zur Mole, Strandpromenade; Tel.: 22798
Öffnungszeiten: Dienstag bis Sonntag 12.00–22.00 Uhr; Saison: Täglich 12.00–24.00 Uhr

Hotels

Rügen-Hotel, Seestraße 1; Tel.: 32090
Restaurants im Hause; Täglich geöffnet
Nordhotel, Karl-Marx-Straße; Tel.: 22466
Restaurant im Hause; Öffnungszeiten: Montag bis Freitag 6.00–24.00 Uhr; Sonnabend und Sonntag 7.00–20.00 Uhr

Pensionen und Zimmervermittlungen

Frau E. Mehnert, Mittelstraße 5, »Haus Aegir«, 2355 Saßnitz
Frau Stepputis, Am Stadtrand 10, 2355 Saßnitz

Halbinsel Klein Zicker
Im Süden von Mönchgut gelegener, von Steilufern umgebener kleiner Inselkern, durch flache Nehrung (hier Bademöglichkeit) mit dem Inselkern von Thießow verbunden; von den Trockenrasenhügeln oberhalb des Fischerdorfes Klein Zicker schöne Rundsicht.

Gaststätten
siehe Halbinsel Mönchgut

Halbinsel Mönchgut
Im Südosten Rügens gelegenes, landschaftlich am reichsten gegliedertes Gebiet Rügens; insgesamt als wichtigster Teil des Biosphärenreservates Südostrügen unter Schutz; Halbinseln: **Alt Reddevitz, Groß Zicker, Klein Zicker**; Nehrungen: **Baaber Heide, Großer Strand**; markante Küstenpunkte: **Nordperd** bei Göhren, Lobber Ort, **Südperd** bei Thießow, Thießower Haken; mit den Ostseebädern Baabe und Göhren, den Urlaubsorten Lobbe und Thießow; Badestrände fast überall an der Außenküste; insgesamt ideales Gebiet für Fuß- und Radwanderungen.

Campingplätze
Campingplätze in Baabe, Göhren, Lobbe, Thießow, Alt Reddevitz

Museum
Mönchguter Museum in Göhren, Wilhelm-Pieck-Straße 18; Tel.: 375; während der Saison täglich außer Montag geöffnet.

Gaststätten, Hotels, Pensionen und Zimmervermittlungen in Baabe, Göhren, Groß Zicker, Lobbe, Thießow:

Baabe:
Agra Touristik mit dem Haus »Strandhotel«, Strandstraße; Tel.: Sellin 278
Öffnungszeiten: Täglich 7.30–22.00 Uhr
Agra Touristik verfügt weiter über die Hotels »Meeresblick«, Reuterweg; Tel.: Sellin 278 (nur Saisonbetrieb) und »Neptun«, Waldstraße 27; Tel.: 278 (nur Saisonbetrieb),
Am Mönchgraben, Strandstraße; Tel.: Sellin 718
Öffnungszeiten: ganzjährig; Neufestlegung zu Beginn der Saison 1991
Inselparadies, Strandpromenade; Tel.: Sellin 350 (nur Saisonbetrieb)
Campinggaststätte Baabe; Tel.: Sellin 737 (nur Saisonbetrieb)
Pension von Frau K. Pinkernelle, Birkenallee 14; Tel.: –; 2334 Baabe
Zimmervermittlung Smikowski, Seestraße 17; 2334 Baabe

Göhren:
Mönchgut, Friedrichstraße; Tel.: 245
Öffnungszeiten: Freitag bis Mittwoch 10.00–14.00 Uhr und 17.00–01.00 Uhr
Bahnhofsgaststätte, Am Kleinbahnhof; Tel.: 352
Öffnungszeiten: Täglich 9.00–20.00 Uhr
Strandcafé, Strandpromenade; Tel.: 374 (nur Saisonbetrieb)
Zur Düne, Campingplatz; Tel.: 324 (nur Saisonbetrieb)
Hotel und Restaurant »Helmut Just«, Karl-Marx-Straße; Tel.: 286
Hotel und Restaurant »Adolf Hennecke«, Karl-Marx-Straße; Tel.: 256
Hotel und Restaurant »Nordperd«, Nordperdstraße; Tel.: 381
Hotel und Restaurant »Ernst Thälmann«, Nordperdstraße; Tel.: 261
Pension Grommelt, Thießower Str. 29, »Haus Concordia«, 2345 Göhren
Pension Koldevitz, Waldstraße 5, 2345 Göhren
Pension Vater, Hauptstraße 4, 2345 Göhren

Groß Zicker:
Zum Boddenblick, Boddenstraße; Tel.: Göhren 841
Öffnungszeiten: Täglich 9.00–24.00 Uhr und Sonnabend 9.00–01.00 Uhr

Klein Zicker:
Zum trauten Fischerheim; Tel.: Thießow 33

Lobbe:
Fischerstrand, Zeltplatz; Tel.: Göhren 513 (nur Saisonbetrieb)
Strandhotel; Tel.: Göhren 335
Öffnungszeiten: Täglich 11.00–22.00 Uhr
Zum Walfisch; Tel.: Göhren 313
Öffnungszeiten: Donnerstag bis Dienstag 11.30–14.00 Uhr und 17.00–23.00 Uhr

Thießow:
Café Ostsee, Strandstraße 26;
Tel.: Thießow 13
Öffnungszeiten: Freitag bis Mittwoch
15.00–22.00 Uhr
Fischerklause, Hauptstraße 67;
Tel.: Thießow 44
Öffnungszeiten: Montag bis Freitag
11.00–14.00 Uhr und 17.00–22.00 Uhr
Haus am Strand, Strandstraße 18;
Tel.: Thießow: 52
Öffnungszeiten: Freitag bis Mittwoch
11.00–14.00 Uhr und 17.00–22.00 Uhr

Halbinsel Zudar
Flache Halbinsel im südlichsten Teil Rügens, umgeben von Greifswalder Bodden und Strelasund sowie von deren buchtenreichen, stillen Randgewässern (Glewitzer, Puddeminer, Schoritzer und Maltziener Wiek – reiches Wasservogelleben); in der Maltziener Wiek die kleine Insel Tollow mit sehenswerter Kormorankolonie; am Palmer Ort (Südspitze Rügens) interessante Küstenformen und Bademöglichkeit; bemerkenswerte Allee zur Glewitzer Fähre (kein Fährbetrieb!)

Campingplatz Zicker (im Norden der Halbinsel)

Gaststätte
Gasthaus in Zudar; Tel.: Garz 741
Öffnungszeiten: Freitag bis Dienstag
9.00–13.00 Uhr und 17.00–20.00 Uhr

Herthasee
Idyllisch in der Stubnitz gelegener, sagenumwobener stiller Waldsee unweit des Königsstuhles (von dort ca. 15 Minuten Fußweg) und der Straße Saßnitz–Stubbenkammer; 11 Meter tief; daneben die Herthaburg (slawenzeitlicher Burgwall).

Hoch Hilgor bei Neuenkirchen
Kleine bewaldete Anhöhe (43 m über NN) auf der Halbinsel Lebbin; bei deren Umrundung guter Überblick über die reich gegliederte Boddenlandschaft Nordrügens, Aussicht zur Insel Hiddensee und zu den **Halbinseln Jasmund** und **Wittow**.

Gastätte
Gasthaus Boddenschenke in Neuenkirchen; Tel.: Trent 8216
Öffnungszeiten: Mittwoch bis Sonntag
11.00–24.00 Uhr

Insel Ummanz
Nur durch eine Brücke mit Rügen verbundene größere Insel im Westen; flache Grundmoränenlandschaft; im Norden an Udarser Wiek und Koselower See größeres Feuchtwiesengebiet, Naturschutzgebiet, gehört zum Nationalpark Vorpommersche Boddenlandschaft, bedeutender Kranichrastplatz; im Süden Freesenort am Kubitzer Bodden (Naturschutzgebiet) mit reichem Wasservogelleben in der Umgebung.

Campingplatz in Suhrendorf,
dort Imbiß- und Getränkeversorgung während der Saison

Gaststätte

Möllers Speisegaststätte in Waase; Tel.: Gingst 8123
Öffnungszeiten: Winter 8.30–9.30 Uhr, 11.30–14.00 Uhr und 17.00–22.00 Uhr; Saison: Täglich 9.00–24.00 Uhr

Insel Vilm
Naturschutzgebiet, im Rügischen Bodden gelegene, etwa drei Kilometer lange und einen Quadratkilometer große Insel; auf engstem Raum ganz unterschiedliche Küsten- und Landschaftsformen vereint; urwüchsiger Waldbestand mit sehr alten Eichen und Buchen; von 1959 bis 1989 als »DDR-Regierungsinsel« gesperrt; heute Sitz einer Naturschutzakademie; Besichtigungen nur im Rahmen von Führungen – telefonische Anmeldung über Putbus: 251; Überfahrt von Hafen **Lauterbach** aus.

Jasmund
(siehe Halbinsel Jasmund)

Kap Arkona
Nordkap der Insel Rügen; markantes, 46 Meter hohes Steilufer aus Kreide und Mergel (häufig große Abbrüche), darauf Reste des Walles der ehemaligen slawischen Jaromarsburg; weite Sicht über Nordrügen (Wittow, Jasmund); Leuchttürme (der kleinere 1826/29 nach Plänen von K. F. Schinkel, der größere von 1902); ca. 3 km südlich der Fischerort Vitt in reizvoller Lage, auf Hochuferweg zu erreichen.

Parkplatz am Ortsausgang von Putgarten, von hier aus ca. 10 Minuten Fußweg zum Kap

Gaststätten

Saisongaststätten, Imbiß- und Getränkeversorgung in der Nähe der Leuchttürme, Gaststätte »Zum nördlichsten Punkt«, Tel.: Altenkirchen 523 (Saisonbetrieb)
Zum Nordkap, Putgarten;
Tel.: Altenkirchen 333
Öffnungszeiten: Dienstag bis Sonntag 11.30–21.00 Uhr;
Saison: 9.00–22.00 Uhr
Zum Anker, Vitt; Tel.: Altenkirchen 477
Öffnungszeiten: Freitag bis Mittwoch 11.00–20.00 Uhr

Klein Zicker
(siehe Halbinsel Klein Zicker)

Königsstuhl
Höchster Punkt der **Kreidesteilküste** Rügens und der gesamten deutschen Küste (117 m über NN); markanter Aussichtspunkt; Abstieg zum Strand; Zufahrt von **Saßnitz** und Hagen (während der Saison auch mit Linienbus); zu erreichen auch auf herrlichem Wanderweg (Hochuferweg) von Saßnitz aus (etwa 10 km ab Ortsausgang).

Parkplatz in unmittelbarer Nähe des Königsstuhles

Imbiß- und Souvenirangebot am Parkplatz; Saisongaststätten

Kreidesteilküste
Eines der schönsten Hochufer Deutschlands (Kliffhöhe an vielen Stellen mehr als 50 Meter), im Nationalpark Jasmund gelegen; zwischen **Saßnitz** und dem **Königsstuhl** ca. 8 km langes Kreidesteilufer mit vorgelagertem Geröllstrand aus Feuerstein; markante Vorsprünge: Hengst, Wissower Klinken, Ernst-Moritz-Arndt-Sicht, Tipper Ort, Kollicker Ort, Äser Ort, Königsstuhl; markanteste Hochuferzone: die »Hohen Ufer« zwischen Tipper und Kollicker Ort; Steilufer nordwestlich des Königsstuhles in Richtung Lohme meist bewaldet, nur an wenigen Stellen tritt dort Kreide zutage (Stubbenhörn); Wanderweg (Hochuferweg) von Saßnitz zum Königsstuhl mit Abstiegsmöglichkeiten zum Strand: »Piratenschlucht« (kurz hinter Saßnitz), zwischen Hengst und Wissower Klinken, unmittelbar nördlich der Wissower Klinken (steile Leitern!), Kieler Bach, Königsstuhl; Strandwanderungen beschwerlich, im Frühling gefährlich (Steinschlag!).

Ausflugsgaststätte »Waldhalle« unweit der Wissower Klinken – siehe Gaststättenhinweise Saßnitz innerhalb des Stichwortes **Halbinsel Jasmund**.

Lauterbach
Schön gelegener Fischer- und Ferienort am Rügischen Bodden; östlich das Laubwaldgebiet der Goor mit klassizistischem Badehaus; Badestrand; südwestlich davon Neuendorf in reizvoller Uferlage; Wanderungen: durch die Goor zum Muglitzer Ort, am Boddenufer entlang durch die Neuendorfer Kiefern (Badestrand) nach Wreechen/Neukamp; vom Hafen aus Fahrten rund um die Insel Vilm mit kleinem Ausflugsschiff; Fahrten zur Besichtigung der Insel Vilm nur nach telefonischer Anmeldung über Putbus: 251.

Gaststätten
Klattes Sommergarten, Neuendorfer Weg; Tel.: –
Öffnungszeiten:
Täglich 11.00–22.00 Uhr
Zum Schwarzen Bären, Dorfstraße 8;
Tel.: Putbus 558
Öffnungszeiten: Dienstag bis Sonnabend 16.00–22.00 Uhr

Lietzow
Malerisch gelegener kleiner Ort am Ufer des Großen und Kleinen Jasmunder Boddens; direkt an der B 96; guter Ausgangspunkt für Wanderungen in die waldreiche Endmoränenlandschaft; am Ufer des Großen Jasmunder Boddens und zu den **Feuersteinfeldern** bei Mukran. Bademöglichkeit.

Campingplatz am Ort, Getränke- und Imißverkauf dort während der Saison

Gaststätte »Strandeck«, Dorfstraße; Tel.: Sagard 2564
Öffnungszeiten: Mittwoch bis Freitag 16.00–22.00 Uhr und Sonnabend/ Sonntag 11.00–14.00 Uhr und 16.00–22.00 Uhr

Zimmervermittlung Jerchel, Töpferberg 62; 2354 Sagard

Mönchgut
(siehe Halbinsel Mönchgut)

Moritzburg bei Baabe
Endmoränenrücken in besonders schöner Lage an der Having; guter Aussichtspunkt (37 m über NN); zu erreichen auf Wanderweg von **Seedorf** aus, von Baabe aus über Baaber Bollwerk (von hier mit Fährboot über die Beek) oder von Sellin aus über Altensien bis Moritzdorf.

Parkplätze am Baaber Bollwerk, vor Moritzdorf

Ausflugsgaststätte Moritzburg, Moritzdorf; Tel.: Sellin 338
Öffnungszeiten:
Täglich 14.00–22.00 Uhr

Nordperd bei Göhren
Auf der **Halbinsel Mönchgut** gelegener bewaldeter Vorsprung des bis zu 60 m hohen Endmoränenrückens, der von der **Halbinsel Alt Reddevitz** nach Göhren reicht; östlichster Punkt Rügens; Steilufer durch Steinwall geschützt; unweit davon im Flachwasser vor dem Göhrener Nordstrand der »Buskam« – Rügens größter Findling (ca. 600 m^3, etwa 1600 t); Hochuferweg von Göhren aus mit schöner Aussicht; weiterer guter Aussichtspunkt; »Speckbusch« (Hügelgrab) an der Göhrener Kirche – Blick über weite Teile von Mönchgut.

Campingplatz bei Göhren

Gaststätten und Hotels

(siehe entsprechende Hinweise für Göhren innerhalb des Abschnittes Halbinsel Mönchgut.)

Putbus
Unweit des Rügischen Boddens reizvoll im bewaldeten Endmoränengebiet gelegene kleine Stadt (1810 als Residenz des Fürsten Malte zu Putbus im klassizistischen Stil errichtet); bemerkenswerter Park mit Wildgehege; in der Umgebung viele schöne alte Alleen.

Ausstellungszentrum »Orangerie« im Park
Öffnungszeiten: Täglich außer montags

Touristeninformation
in der Kurverwaltung im Rathaus, in der Saison täglich, außer Sonntag geöffnet.

Cafés, Gaststätten und Hotels

Bahnhofsgaststätte, Bahnhofstraße 9; Tel.: 437
Öffnungszeiten:
Täglich 7.00–20.00 Uhr
Bahnhofshotel, Bahnhofstraße 7; Tel.: 278
Öffnungszeiten: Montag bis Sonnabend 11.00–22.00 Uhr
Deutsches Haus, Am Markt 2; Tel.: 214
Öffnungszeiten: Freitag bis Dienstag 10.00–17.00 Uhr
Eiscafé Boye, Orangerie, Am Park; Tel.: 372
Öffnungszeiten: Sonntag bis Donnerstag 11.00–18.00 Uhr
Eiscafé Tietze, Bahnhofstraße; Tel.: –
Öffnungszeiten: Donnerstag bis Dienstag 11.00–18.00 Uhr

Jägerhütte, Alleestraße/Im Park;
Tel.: 510
Öffnungszeiten: Montag/Dienstag 11.00–14.30 Uhr, Mittwoch, Donnerstag und Sonntag 11.00–21.00 Uhr, Freitag/Sonnabend 11.00–20.00 Uhr
Kursaal, Alleestraße; Tel.: 393
Öffnungszeiten: Montag bis Freitag und Sonntag 11.00–22.00 Uhr; Sonnabend 11.00–24.00 Uhr
Rosencafé, Bahnhofstraße/Am Park;
Tel.: 449
Öffnungszeiten: Mittwoch bis Sonntag 11.00–22.00 Uhr

Pensionen bzw. Ferienheime

Ferienheim »Haus Goor«, 2331 Lauterbach; Tel.: Putbus 201

Ralswiek
An einer stillen Bucht im südlichsten Teil des Großen Jasmunder Boddens idyllisch gelegener kleiner Ort; waldreiche Umgebung im Endmoränengebiet; Wanderweg nach **Lietzow**; Schloß in schöner Hanglage mit Schloßpark (seltene Gehölze) und großer Naturbühne; vor ca. 1000 Jahren zur Slawenzeit bedeutender Handelsplatz (seit 1960 umfangreiche Ausgrabungen).

Parkplatz an der B 96 (von hier etwa 15 Minuten Fußweg)

Museum mit kleiner Ausstellung der Grabungsfunde (unweit vom Schloß); Öffnungszeiten nur während der Saison

Gaststätte Ralswiek »Zum Winkelbau«; Tel.: Bergen 31430
Öffnungszeiten: Montag bis Sonntag 11.00–22.00 Uhr

Rugard bei Bergen
Bewaldetes Endmoränengebiet, an dessen Westhang die Stadt Bergen liegt; auf dem höchsten Punkt (91 m über NN) der Ernst-Moritz-Arndt-Turm (Aussichtsturm), von dort schöner Rundblick über die Insel; Zufahrt: vom Bergener Marktplatz aus; Wanderung nach Buschvitz am Kleinen Jasmunder Bodden.

Parkplatz am Waldrand unweit des Aussichtsturmes

Cafés, Gaststätten und Hotels in Bergen:

Am Markt, Markt 14; Tel.: 22310
Öffnungszeiten: Montag bis Freitag 8.00–22.00 Uhr, Sonnabend/Sonntag 9.00–24.00 Uhr
Bergen-Süd, Hermann-Matern-Straße;
Tel.: 22174
Öffnungszeiten: Mittwoch bis Sonntag 11.00–23.00 Uhr
Bierstuben, Dammstraße 19;
Tel.: 22665
Öffnungszeiten: Montag bis Freitag 10.00–22.00 Uhr
Gesellschaftshaus, Arndtstraße 10;
Tel.: 22340
Öffnungszeiten: Dienstag bis Sonnabend 11.00–24.00 Uhr
Rügener Hof, Bahnhofsstraße;
Tel.: 22497
Öffnungszeiten: Dienstag bis Sonnabend 8.00–22.00 Uhr
Stadt Bergen, Bahnhofsstraße 32;
Tel.: 22041
Öffnungszeiten: Montag bis Freitag 8.00–21.00 Uhr
Stadtcafé, Dammstraße 1; Tel.: 22331
Öffnungszeiten: Montag bis Freitag 9.00–18.00 Uhr, Sonntag 14.00–18.00 Uhr
Sportlerheim, Straße der Jugend 2;
Tel.: 22498
Öffnungszeiten: Dienstag bis Sonnabend 11.00–22.00 Uhr
Zum Stern, Markt 9; Tel.: 22349
Öffnungszeiten: Neufestlegung nach Abschluß des Umbaus
Zur Traube, Dammstraße 37;
Tel.: 22214
Öffnungszeiten: Mittwoch bis Sonntag 10.00–13.00 Uhr und 16.00–22.00 Uhr
Hotel »Mecklenburger Hof«, Bahnhofsstraße 67; Tel.: 22363

Öffnungszeiten des Restaurants: Montag bis Sonntag 7.00–23.00 Uhr
Hotel und Speisegaststätte »Ratskeller«, Markt 27; Tel.: 22145
Öffnungszeiten des Restaurants: Montag bis Freitag 7.00–22.00 Uhr, Sonnabend/Sonntag 9.00–23.00 Uhr
Zimmervermittlung durch Stadtinformation Bergen, Karl-Marx-Platz;

Schaabe
Größte Nehrung Rügens (ca. 10 km lang); verbindet die Halbinseln Wittow und Jasmund; früher Dünenheide; heute geschlossenes Waldgebiet (überwiegend Kiefernwald), durchgehender breiter Sandstrand (einer der schönsten Badestrände Rügens), dahinter Dünenwall.

Parkplätze an der Straße Glowe–Juliusruh

Campingplätze

Campingplätze Glowe (Ortsausgang Richtung Juliusruh); Juliusruh (Drewoldke), beide Plätze mit Imbiß- und Getränkeversorgung während der Saison

Gaststätten

Glowe: Kap Arkona, Hauptstraße; Tel.: Sagard 5239
Öffnungszeiten: Neufestlegung der Öffnungszeiten zur Saison 1991 nach Rekonstruktion und Umbau
Ostseeperle, Hauptstraße/Am Strand; Tel.: Sagard 5238
Öffnungszeiten: nach bisherigem Saisonbetrieb Neufestlegung der Öffnungszeiten ab Saison 1991

Bobbin: Schloß Spyker; Tel.: Sagard 2500
Heim der FEDI GmbH, daher eingeschränkter Öffentlichkeitsverkehr

Polchow: Gaststätte Polchow, Dorfstraße; Tel.: Sagard 2422
Öffnungszeiten: Donnerstag bis Dienstag 11.00–20.00 Uhr

Schmale Heide bei Binz
Nehrung zwischen Neu Mukran im Norden und Binz im Süden; verbindet die **Halbinsel Jasmund** mit dem Gebiet der **Granitz**; überwiegend bewaldet (Kiefernwald); Feuersteinfelder bei **Neu Mukran** (Naturschutzgebiet); Flachküste mit breitem, sauberen Sandstrand und Dünen; weite Teile seit vielen Jahrzehnten militärisches Sperrgebiet (baldige Räumung und Rekultivierung vorgesehen); Neu Mukran, ehemals reizvoller kleiner Fischer- und Urlaubsort, Ortsbild bei Fährhafenbau brutal zerstört, hier bemerkenswerter, über 400 Jahre alter Ilexbestand. Badestrände zwischen Binz und Prora, bei Neu Mukran (südlich der Baustelle).

Cafés, Eisdielen, Gaststätten in Binz:

Bahnhofsgaststätte, Am Kleinbahnhof; Tel.: 2664
Öffnungszeiten: Täglich 8.00–20.00 Uhr
Café Möwe, Hauptstraße; Tel.: 2355
Öffnungszeiten: Mittwoch bis Sonntag 14.00–22.00 Uhr
Centralhotel, Hauptstraße 13; Tel.: 2916
Öffnungszeiten: Mittwoch bis Sonntag 8.00–22.00 Uhr
Dünenhaus, Strandpromenade; Tel.: 2841
Öffnungszeiten: Donnerstag bis Montag 15.00–23.00 Uhr
Eisdiele, Hauptstraße 25; Tel.: 2572
Öffnungszeiten: Saisonbetrieb
Eiskonditorei, Strandpromenade; Tel.: 2800
Öffnungszeiten: Sonnabend bis Mittwoch 10.00–18.00 Uhr
Gaststätte »In«, Rudolf-Breitscheid-Straße; Tel.: 2931
Öffnungszeiten: Täglich 11.00–23.00 Uhr
Goldbroiler, Strandpromenade 19; Tel.: 2938
Öffnungszeiten: Saisonbetrieb
Grand, Strandpromenade 22; Tel.: 2502
Öffnungszeiten: Donnerstag bis Dienstag 8.00–24.00 Uhr
Hafenbar, Hauptstraße 23; Tel.: 2248
Öffnungszeiten: Mittwoch bis Montag 21.00–03.00 Uhr
Sandmannbar, Strandpromenade 24; Tel.: 2631
Öffnungszeiten: Saisonbetrieb
Strandbüffet, Strandpromenade 24; Tel.: 2236
Öffnungszeiten: Saisonbetrieb
Vineta, Hauptstraße 20; Tel.: 2731
Öffnungszeiten: Mittwoch bis Freitag 8.00–22.00 Uhr
Zum Faß (»Goldener Löwe«), Hauptstraße 22; Tel.: 2422
Öffnungszeiten: Dienstag bis Sonnabend 21.00–03.00 Uhr

Hotels und Ferienheime mit angeschlossenen Restaurants

Binzer Hof, Wilhelm-Pieck-Str. 15; Tel.: 2326
Ferienhotel Bernstein; Tel.: 9251
Ferienhotel Meeresgruß; Tel.: 9223
Ferienhotel Ostseeblick; Tel.: 9229
Ferienhotel Ostseeperle; Tel.: 9227
Ferienheim Riesa, Zepplinstraße 8; Tel.: 2446
Ferienhotel Rugard; Tel.: 9217
Ferienhotel Strandidyll; Tel.: 9246
Ferienheim Stubnitz; Tel.: 2408
Ferienheime Arkona/Rügen; Tel.: 9200
Hotel Empacher, Strandpromenade 42; Tel.: 2395
Hotel Haus der Armee, 2352 Prora; Tel.: Binz 2382
Hotel Völkerfreundschaft, Strandpromenade 18; Tel.: 2387
Travel-Kurhaus, Strandpromenade; Tel.: 5153

Schwarbe
Waldgebiet an der Außenküste im Norden der Halbinsel Wittow; Badestrand; unmittelbar östlich und westlich beachtenswerte Uferzonen (Steilufer und Geröllstrände, Kliffranddünen der »Kreptitzer Heide«)
Campingplatz in Nonnevitz (Bakenberg), dort Getränke- und Imbißversorgung während der Saison

Saßnitz
Hafenstadt am Rande des Waldgebietes der **Stubnitz** in beeindruckender Hanglage; von der Mole gute Sicht auf Stadt und Südhang der **Halbinsel Jasmund** mit alten Kreidebrüchen; günstiger Ausgangspunkt für Wanderungen entlang der **Kreidesteilküste** bis zum **Königsstuhl**; Möglichkeiten zu Fahrten mit Ausflugsschiff oder Fischkutter entlang der Kreideküste von der Mole aus; Fährverbindungen nach Trelleborg und Rönne (Bornholm).

Gaststätten und Hotels
in Saßnitz – siehe Stichwort/Abschnitte **Halbinsel Jasmund**

Seedorf
Kleiner Ort südlich der **Granitz** in landschaftlich schöner Lage am Wasserarm der Beek zwischen Having und Neuensiener See; umgeben von Moränenhügeln, vielfach mit Ginster bestanden; Ausgangspunkt für Wanderungen zur **Moritzburg**, nach Neu Reddevitz und nach Lancken-Granitz.
Gaststätte »Drei Linden« in Seedorf; Tel.: Sellin 241

Stubbenkammer
Uferzone der **Kreidesteilküste** in unmittelbarer Umgebung des **Königsstuhles** mit markanten Kreidezinnen und schönen Aussichtspunkten (z. B. Victoria-Sicht in der Kleinen Stubbenkammer).

Stubnitz
Großes geschlossenes Laubwaldgebiet auf der **Halbinsel Jasmund** innerhalb des Nationalparkes Jasmund, im Osten von der **Kreidesteilküste** begrenzt; abwechslungsreiches Relief, tiefeingeschnittene saubere Bäche, bemerkenswerte Flora und Fauna; einige Teile dürfen nur auf Wanderwegen betreten werden; wird durchquert von der Straße Saßnitz–Stubbenkammer (Königsstuhl).

Südperd bei Thießow
Markanter Landvorsprung am Thießower Inselkern im Süden Mönchguts; von begehbarer Uferschutzmauer umgeben; bewaldetes Steilufer mit interessanter Flora; vom Lotsenberg (38 m über NN) schöne Aussicht auf Niederungen, Pommersche Bucht und Greifswalder Bodden.

Campingplatz am Ortseingang von Thießow

Gaststätten und Pensionen in Thießow (siehe Stichwort/Abschnitt **Halbinsel Mönchgut**)

Tempelberg bei Bobbin
Schöner Aussichtspunkt im Westen der **Halbinsel Jasmund** (ca. 60 m über NN) direkt an der Hauptstraße Sagard–Glowe; weiter Blick auf **Schaabe**, Großen Jasmunder Bodden und Tromper Wiek bis nach Hiddensee im Westen und zum **Kap Arkona** im Norden, auf Bobbin, Schloß Spyker und Spykerschen See.

Parkplatz unmittelbar am Tempelberg

Ummanz
(siehe Insel Ummanz)
Vilm
(siehe Insel Vilm)
Zudar
(siehe Halbinsel Zudar)

Nachsatz

Die wunderschönen Landschaften der Insel
Rügen gehören zu den
wertvollsten Schätzen unserer Heimat.
Jeder Gast und Einheimische
trägt mit an der Verantwortung,
sie für die Zukunft zu bewahren.
Landschafts- und Naturschutz kann
nur dann wirksam sein, wenn alle
daran mitwirken.
Daher bitten Sie Autor und Verleger,
die folgenden Hinweise bei einem
Besuch der Insel unbedingt
zu beachten:

Laufen, fahren und parken Sie bitte nur dort, wo es wirklich erlaubt ist;
Pflücken Sie keine Wildpflanzen ab und beunruhigen Sie keine Tiere;
Respektieren Sie bitte, daß einige Naturschutzgebiete für die Öffentlichkeit gesperrt sind;
Befolgen Sie in den Schutzgebieten bitte unbedingt die dort gegebenen Hinweise und benutzen Sie nur die Wege;
Legen Sie bitte beim Segeln, Surfen oder Angeln nicht an den Salzwiesen oder im Schilfgürtel an;
Beachten Sie bitte, daß man Zelte, Wohnwagen oder Wohnmobile generell nur auf Campingplätzen aufstellen darf;
Deponieren Sie bitte Abfälle und Abwässer nur an den dafür vorgesehenen Stellen, werfen Sie bitte keinen Unrat in die Landschaft;
Beachten Sie bitte unbedingt, daß Dünen und Steilufer nur dort betreten werden dürfen, wo es offizielle Strandzugänge gibt.

Vielen Dank

Hans Werner Richter

Deutschland deine Pommern

Wahrheiten, Lügen und schlitzohriges Gerede

1. Auflage
152 Seiten, 12,5 × 20,5 cm, gebunden,
2farbiger Schutzumschlag.
Ladenpreis 19,80 DM
ISBN 3-86167-020-8

Das Pommerische ist, so meint Hans Werner Richter, von ziemlich starker und zäher Substanz; seinen Landsleuten sagt man nach, sie seien überaus arbeitsam, geduldig, standhaft, klug ohne Hinterlist, kühn, unerschrocken, ehrliebend, ohne ehrgeizig zu sein, dem Neuen allerdings nicht gerade aufgeschlossen. Dennoch, gibt es das eigentlich noch »Deutschland – deine Pommern«? Hans Werner Richter macht sich in den 16 Kapiteln seines Buches auf die Suche nach »dem« Pommern, und was er an packend geschilderten Erlebnissen, interessanten Betrachtungen, humorvollen Histörchen, treffenden Anekdoten und erdachten Gesprächen aufspürt, ist doppelt lohnend: »abgebrannt« ist Pommern im Laufe seiner vielhundertjährigen Geschichte mehrere Male, 1945 fast total und endgültig, es verlor mehr als zwei Drittel seines Territoriums, aber der Rest war nicht »totzukriegen«. Der Pommer, in den letzten 40 Jahren fast dem Vergessen der Geschichte überantwortet, regt sich wieder – mit seiner Schläue, seiner Wortkargheit, seiner Bockbeinigkeit und mit seinem unverwüstlichen drastischen Humor. Das unvergängliche Pommern, das mehr Originale als Genies hervorbrachte, das ganz eigenständige kulinarische Leistungen erfand, es ersteht nicht in Hans Werner Richters einzigartigem Text nur zur Erinnerung, es ist nachzulesen, wie sie waren und wie sie wieder sein werden: »Deutschland – deine Pommern«.

Ernst Moritz Arndt

Kater Martinchen

Einundzwanzig vorpommersche Sagen
Herausgegeben von Renate Herrmann-Winter

1. Auflage
160 Seiten, 12,5 × 20,5 cm, gebunden,
2farbiger Schutzumschlag.
Ladenpreis 16,80 DM
ISBN 3-86167-019-4

Kaum in einer anderen deutschen Landschaft wurde der heimatliche Sagenschatz so früh und umfassend gesammelt und aufgezeichnet wie in Vorpommern. Einer seiner ersten Chronisten war Ernst Moritz Arndt. Der 1769 in Groß Schoritz geborene Dichter erzählt aus der Erinnerung an seine auf Rügen und im vorpommerschen Löbnitz bei Barth verlebte Jugend Geschichten, alte heimatliche Sagen, wie er sie aus dem Munde seiner Mutter, von Knechten, Schäfern und Bauern auf den Gutshöfen seines Vaters gehört hatte und die seine jugendliche Phantasie gefangen nahmen. Was sie von Riesen, Zwergen, Zauberern, verwünschten Prinzessinnen und verborgenen Schätzen erzählen, spielt auf Rügen und dem vorpommerschen Festland. Es ist ein Teil jener alten Sagen und Mythen, die man hier, als Hexen- und Teufelsglaube im Volke noch lebte, getreu von Generation zu Generation weitergab. Ernst Moritz Arndt gestaltete die »schnurrigen Fabeln und Geschichten«: er träumte, dichtete und fabulierte in heiter-beschwingtem Stil, der die Lektüre seiner Sagen noch heute zu einem Vergnügen macht.
Die von Renate Herrmann-Winter besorgte Ausgabe enthält einundzwanzig der schönsten Sagen aus Vorpommern, die Arndt hochdeutsch und auch niederdeutsch erzählt hat. Nach mehr als sechs Jahrzehnten werden sie jetzt neu und vollständig veröffentlicht.

Egon Richter /
Angelika Heim

Die Insel Usedom

1. Auflage
156 Seiten mit 90 vierfarbigen Abbildungen
und 7 s/w-Illustrationen
sowie einer Lagekarte von Hilmar Zill;
18,7 × 21,5 cm, gebunden,
4farbiger Einband, cellophaniert.
Ladenpreis 24,80 DM
ISBN 3-86167-024-0

Wie Perlen auf einer Schnur reihen sich die Ostsee-Badeorte Karlshagen/Trassenheide, Zinnowitz, Zempin, Koserow, Ückeritz und die legendären Seebäder Bansin, Heringsdorf und Ahlbeck von einem Ende der langgestreckten Insel Usedom zum anderen – die Städte Wolgast und Usedom gleichsam die Tore zu diesem Paradies. Ausgezeichnete natürliche Bedingungen – unmittelbarer Zugang zum Meer, breite Sandstrände, wald- und binnenseenreiches Hinterland – begünstigten die Entstehung der Badeorte im vorigen Jahrhundert, einige stiegen zeitweilig in den Rang von Weltbädern auf. Doch das ist die eine Seite der zweitgrößten deutschen Ostseeinsel, Teil ihrer jüngeren Geschichte; die bewegte historische Entwicklung Usedoms vollzog sich im Inselinnern, an der Achterwasser- und Haffküste. Von all dem berichtet Egon Richter, von den verborgenen, aber einmaligen landschaftlichen Schönheiten, die das Kameraauge der Rostockerin Angelika Heim in brillanten Fotos erfaßt.

Norbert Buske /
Thomas Helms

Greifswald – Innenansichten

REICH GUIDE

Mit einem Auswahlkatalog von Serviceleistungen
und wichtigen Adressen
für Besucher und Einwohner Greifswalds.
1. Auflage,
144 Seiten mit 92 vierfarbigen Abbildungen
und 8 s/w-Illustrationen,
13 × 24 cm, gebunden,
4farbiger Einband, cellophaniert.
Ladenpreis 19,80 DM
ISBN 3-86167-027-5

Die Türme der drei gotischen Kirchen Greifswalds bestimmen nach wie vor die Silhouette der Stadt, aus welcher Richtung man sich ihr auch nähert. Sie künden von der einstigen Bedeutung Greifswalds als Hafen- und Hansestadt, von einem stolzen und reichen Bürgertum, das hier bereits 1456 eine Universität gründete.
Norbert Buske, kenntnisreicher Kirchenhistoriker aus Greifswald, und der Fotograf Thomas Helms stellen die Stadt in beeindruckender Weise vor: die durch Caspar David Friedrich weltbekannt gewordene Klosterruine Eldena mit dem benachbarten Wieck, den Greifswalder Hafen, die überwältigenden Zeugnisse sakraler und profaner Backsteingotik, den einzigartigen Kunstbesitz der Universität, Greifswald als Zentrum einer großen Vergangenheit und einer neuen Gegenwart. Untrennbar verbunden mit Namen und Werk bedeutender deutscher Gelehrter, Politiker und Künstler.